JN410485

저만치 서 있는 나무

한국작가 작품선 · 53

저만치 서 있는 나무

이봉의 시집

한국작가 출판부
동행

시인의 말

이제 막 싹튼 열무밭에 희끗희끗 보이는 것이
혹시 우박이 떨어졌나 창문을 열고 보니
간밤 비에 날아온
꽃잎

돌이켜 생각하니 우박인 줄 알았던 어려움도
하나 하나 꽃 이파리
그 꽃잎 가슴에 품을 수 있도록 도와준
사랑하는 가족

이젠 모두 일가를 이룬
착하고 예쁜 딸, 건강하고 씩씩한 아들
징검다리 손잡고 함께 건넌 든든한 남편

무엇보다 서투르고 부끄러운 글을 엮어
꽃가루로 뿜어낼 수 있도록 도와주신 모든 분들의
아름다운 소망들

또한 이 글을 읽어주실 분들의 인내에
고마운 마음을 실어

25년 공직을 마감하고
이제 막 시인으로 돌아와 거울 앞에 서서
수줍은 첫 번째 시집을 바칩니다.

2012년 5월 텃골에서

신선미 있는 아우라

김 건 중
(전 한국문인협회 부이사장)

이봉의 시인과의 만남은 1988년으로 기억된다.

성남시 주부기 · 예경진대회 백일장 시부문에서 '장원'의 영광을 차지한 것이 계기가 되어 심사위원으로 참석했던 필자와의 인연이 시작된 셈이다.

그 후 경기도 공무원 문학단체인 〈팔달문학회〉를 통해 문학활동을 하던 중 제1회 「한국작가」 신인상으로 등단하면서 본격적인 문학활동을 전개했으나 공무원 생활이라는 삶의 테두리는 창작활동에 전폭적으로 매달릴 수가 없고, 그나마 창작열이 있어 가까스로 청탁원고 정도만 해결하는 한계성이 자리할 수밖에 없었다.

하지만 이봉의 시인의 시는 시 속에 내재되어 있는 시정신은 섬뜩하리만치 시퍼런 날을 세우고 있다.

일반적 경향을 보이고 있는 시경적 시가 아니라 시의 관념을 보조관념으로 내세운 비유나 상징으로 표현함에 있

어 비유도 상징성으로 전환되어 와 닿는 시의 형상화 솜씨는 놀라움을 금치 못하게 하고 있다.

또한 이봉의 시인의 시를 읽다보면 한국 시가 형식의 제자리인 침체성을 벗어던지는 능숙함이 엿보인다.

또한 시의 아우라가 신선미 있고 은유적 기법이 돋보임을 발견할 수가 있다.

그것은 어쩌면 일상의 삶 속에서 터득한 체험과 심성 속에 자리한 시적 감성이 일구어낸 쾌거라고 짐작된다.

좋은 시를 쓸 수 있는 자질과 얼마든지 창작할 수 있는 풍부한 감성이 바탕이 되어, 앞으로 큰 시 밭을 일구어 가길 기대하면서 첫 시집 발간을 진심으로 축하드리고 싶다.

2012년 봄

CONTENTS

CONTENTS

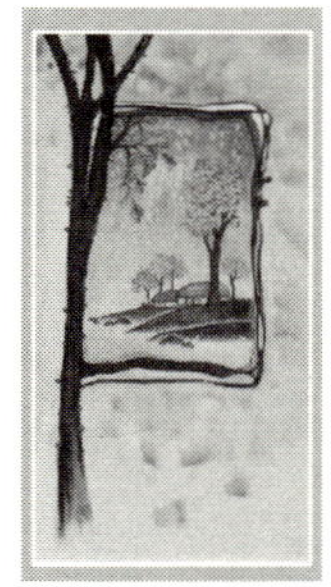

CONTENTS

CONTENTS

저만치
서 있는
나무

3월

자진방아로 휘몰다가
중중머리로 풀어 내리는 계곡 아랫단부터
불이 붙었다

물소리 어우러져 더욱 꽃다운 진달래
봄빛에 겨워 마냥 흥겨운데

어디선가 산새 우는 소리
누굴 찾는지

혹시나 뒤돌아 보는데
한기 오소소 돋아
아직 춥다

4월의 들판

언 땅 속에서도
오직 한 마음으로 싹 티우기를 간절히 바랬기에
지난 시절 기억 모두 지웠다

너를 사랑했던가
혹은 버리고 떠났던 간에

살아 있어야
너를 또 다시 만날 수 있지 않느냐

슬픈 사랑의 깊이만큼 짙은 어둠 속
웅크리고 앉아 봄이 오는 소릴 기다렸다

모진 서리 이슬로 바뀌어 내리는 새벽녘
이슬 한 방울만으로도
온몸 퉁퉁 불어, 엉엉 울면서 첫 눈을 티웠다.

가슴이 벅차서
생살이 아려서

4월의 들판은 뭔가 수상쩍다
봄이 오는 환한 울음소리를 모르는 사람들에게는

가시나무

가시조차 꽃처럼 키우는
가시나무
뾰족한 감성도 사랑인 것처럼

어린 가지일수록 출렁이며
가시 촘촘히 박아 올리고

상처받기 두려워
습관처럼 만드는 부질없는 짓

아직도 철들지 못한 부끄러움
잎사귀 푸르게 치장할 날
언제 오려나

봐 주셔요
꽃보다 더 화려한
눈물 속 자존심

가을에

산은 온통
범벅타령

찬바람 불면 녹아 흐를
꽃보다 아름다운
저 이파리

지구 한 귀퉁이 먼 마을
그리운 등황색으로
고향은 불타고

소식 없던 그대
아주 떠났음을
인정해야 하는 일로

한달음에 우르르 내달아
붉은 치마 눈 가리고
떨어져 내리리라

갈망

한밤에 일어나
가만히 그려 본다

처음에는 그저 조금씩
줄을 긋다가
이윽고
쭉 내려긋는다
그리고 긴 호흡

잠들지 못하는 밤이면
안개 속에 들리던
네 목소리

꽃잎 지는 소리에 섞여
덜컥 들리는데

또 한 차례 지나갈
지독한 봄 감기
언제 와

강가에서

이상도 하여라 내 이제야 강을 보다니
물수제비 던지던 어린 날에는
강물이 넘쳐 내 이불을 적시더니

고향 떠나던 그 새벽
도시의 쪽방 작은 창문 밑에서 낮은 소리로 웅 웅 울던

지난날 그리워 눈물 흘리던 날에는
물소리 바람소리 밤새 끌고 와
가난한 가슴에 단비로 내려 주었지

내 이제금 다시 돌아와
작은아이 손잡고 강바람 속에 서서
젊디젊은 강물이 차오르고 있음을 보았습니다.

용서하세요 어머니
어머니가 제 자신이며 저 또한 내 아이임을

어머니의 육신이 이 몸이 되었듯이
내 아이 또한 내 몸이었음을

강물을 향해 조약돌 던지면 사금파리처럼 빛나는 강물 조각
아이의 웃음소리와 함께 튀어 오르고

고만큼한 손가락 크기로 물오르는 미루나무
깔깔거리며 수선스레 웃는다.

소리쳐 부르며 손짓하니
무심코 뒤돌아보는 강물에 물든 아이 눈동자
아 아, 어머니 나를 똑 닮았습니다.

강능 가는 길

국도에서 조금 떨어진 산 옆으로
밤꽃을 왕관같이 쓴 마을
미루나무 열병식
가 보지 않아도 조그만 강가로
남빛 달개비 엉키어 피어 있을 거예요.

돌다리 건너
논두렁 콩 웃자란
아직 해 높은 한낮
따뜻한 물웅덩이에선 소금쟁이 뜰 거예요
꽃핀 옥수수 사이 마을 어귀엔
때이른 달맞이꽃 무리지어 흔들리고
밤꽃 허연 동산 위로 조용히 구름이 지나 가네요.

아참
지금 막 지난 이 길
아직 식지 않은 물웅덩이로
방개 날아올까요.

은하수 깊은 날
반짝이던 미끈한 날개로
내 방까지 찾아온 물방개
다시 날아올까요.

* 물방개 : 물방갯과의 곤충. 연못, 무논 따위의 물속에서 삶

겨울비

'이곳엔 비가 온단다.'
전쟁도 피해 갔다는
먼 곳에서
전화가 왔다

시집살이 그리 서럽다 하면서도
병든 자식 때문에 큰소리 한번 못내는
그 목소리

파장 전
싸구려 노점판 옷더미를 들척거리다가
무심히 마주친 눈길 내리고
값을 묻는 그런 목소리로

'잡곡하고 양념 좀 보냈노라.'
'잘 지내고 건강하여라.'
전화가 끊어졌다

삼켜지지 않는 슬픔
밀물되어

기여히 뿌려대는
저녁 무렵
겨울비

계단을 오르며

우지 마라
우지 마라 하여
차마 울지 못하고

잘 자거라
자거라 하여
아직 어머니 품을 버리지도 못했는데
어느덧 이곳까지 올라와 버렸다.

비와 눈과 폭풍 속을 걸어
이 언덕만 넘으면 환한 세상이 있으리라 믿었지만
아직도 끝나지 않은 저 많은 계곡

되돌아가고 싶어
안락함 속에 누워 보호받던 일상들과
거리낌 없었던 스무 살의 얄미운 기억들이
틈틈이 박혀 있는 저 아래로

어쩌면 가위바위보에 져서
네가 내 옆 계단을 어려움 없이 훌쩍 넘어가는
시새움마저도 아름다운 황혼 때문이라 억지 부리지

후회 없었다는 말은 사실은
스스로의 위안이고 눈가림이었어
계획조차 하지 못하는 게으른 습성을 달래가며
내일은 또 내일만큼의 계단을 오르리라 다짐하고
오늘까지 올라선 이곳에서 한 해를 조용히 마감했다.

고궁 산책

가까운 곳 어디선가 연못 있으리
연밥 툭 터지는 나른한 오후
물잠자리 발에 걸려 번지는 동심원
연못의 나이를 알렸다.

거문고 둥실둥실, 가야금 당실당실 진양조 가락
버선발 다소곳 내딛고 발끝으로 높이 서서
날개처럼 활짝 편 어깨 위로 숨을 멈추고
조용히 무릎 굽혀 깊은 숨 내쉴 제
덩실 춤사위 살아난다.

그윽하신 임금님 시름 놓으시고
외로 숙인 미소 빈궁마마
내신들도 마냥 흐뭇해 하시더라
그 시절, 태평성대였다지

장고 채 잡은 손 떨리듯 멈추고
북편은 어루만져 소리를 잠재워
징소리 길게 연회가 끝났음을 알렸다.

순간, 내 발 빠트릴 연못조차 없어
되돌아 나서는데
고궁은 가을볕에 붉게 익고 있다
그 어느 해던가 백성들의 마음처럼

고향

앞마당 부추밭 그대로 경계되는
조그만 마당 지붕도 낮은 집
흰 눈을 이고 앉아 더욱 정겹다.

돌 고인 양지쪽 장독 서너 개
왕관 높이 쓰고
넉넉하게 웃는데

할머니 이야기
이제 막 여우골 넘어가는지
이불 속 발싸움 소리조차 없다.

아버지 담배 내음 눈 속에 스며
봄을 키우고

그리운 주황빛
미닫이를 넘어와
슬며시 가져간

내 눈물

공원을 나서며

네 뜻이 정 그러하냐
놓아 주고 싶어도
다시는 못 오리라, 내 청춘 서러워

그 나무 아래
깊은 숨 내쉬며 딱 한 번
소리 죽여 울었을 뿐인데

귀 밝은 잎사귀 물어 나른 소문이
중앙공원 한 바퀴 반
아주 적은 나뭇가지조차도
괜찮다 걱정마라 손 흔들며 야단이다.

들켜버린 삶이 부끄러워
되돌아 나서는 공원 밖 세상은
아직도 젊은 봄날
눈부신 아침

광장

어두운 동굴에서
맨 처음 광장으로 나선 자들은
그 넓이에 높이에 그 환한 눈부심에
경악했을 것이다
하지만 태초부터 그렇게 존재하고 있었다는 것을
몰랐을 뿐이지

광장은 화려한 색감과 성숙한 냄새로 우릴 유혹하고
채 자라지 못한 버거운 감성을 감추고
골짜기 아래로 성큼 내려섰지만
까마득한 지평선 멀미
광장도 어두워질 때가 있다는 걸 알고부터
되돌아갈 수 없는 운명도 알았지

맑은 공기 그리워하던 밀실의 공포보다
도망하여 숨을 곳 없는 광장에 서서
진실이라고 믿었던 은폐물이 삭아 없어지는 광경을
속절없이 지켜보는 두려움

동굴 속에서 은밀히 키워왔던 내 자존도
더 이상 지탱할 수 없을 때쯤
눈부신 햇살 아래 함성으로 애써 공포를 감추고
누군가의 어깨를 간절히 원하게 되겠지

귀천

골목을 달리는 바람소리가
숨 가쁘게 살아온 엄마의 세월 같아서
가슴 저릿거립니다

엄마의 팔자를 닮아서
이리 바쁘게 산다고 투정한 것
용서해 주셔요

2남 4녀 탈 없이 키워낸 엄마가
부러워서 한 말이어요

형제간 의좋게 잘 살게요
강 건너 가시거든 뒤조차 돌아보지 마셔요

엄마를 부른다고, 자꾸 운다고
못난 자식 걱정된다고
뒤돌아보지 마셔요

부채춤 추시던 사뿐 걸음으로
돌아가셔요. 아버지 기다리시잖아요

그리고 모두 잘 살고 있다고
꼭 전해 주셔요.

그리움

강가로 나가 돌을 던지면
혜성처럼 떨어지는
너를 향한 그리움

이상도 하여라
해마다 봄이면 달려나가
한겨울 삭이고 또 삭이던
아픈 가슴을

칼로 도려내고 뽑아 올려도
올해도 어김없이 그 자리에 냉이 솟았네

은하수 깊던 밤
뜬 눈으로 지새던 한숨
천둥되어
물 넘치고

당신이 건너간 징검다리
모조리 쓸려 보내
후련하다 하여도

이 봄

네가 온다면
별수 없이 내 가슴에
조각배 하나 띄우리라

길 위에 서서

길 위에선 무엇이든 할 수 있다고 믿었지
길 없는 곳엔 당연히 도깨비만 사는 나라

앞을 똑바로 보고 곧게 걸어가야 한다기에
세상은 언제나 열려 있는 환한 신작로

바람에 날리는 단풍잎 주우러
길섶으로 내려선 어린 날, 아득하여라
길이 없어져서

하지만 그곳도 들꽃 가득 피우고 손짓하는
따뜻한 세상이 있다는 걸 알고
수레국화 밑에 수줍던 사랑 하나 숨겨 두었지

세월은, 차마 길을 만들지 못하는 이들을 위하여
웅덩이를 메우고 장승을 세워 이정표를 만들고
어려운 세상 흔들리지 않도록
바퀴 자국조차 들 수 없도록 엮은 자갈길

길은 길을 만들고
길 위로 또 길을 만들지만
가야할 길 분간 못하는 아직도 여린 마음

아득히 서 있는데, 눈이 내리네

귀밑머리 하얗게 서리 내리듯
수례국화 밑에도 눈이 내리네

김장철이 오면

낙엽이 가랑잎으로 굴러다닐 때쯤
공기 속에 스며 있는
어머니의 향

무서리 내리는 밤
마늘 찧던 손끝
아려 오는 그리움

대추나무 끝 열매 한 알
툭 떨어지는데
마른 태양초 색깔

비에 젖은 낙엽 더미
곰삭은 젓갈 냄새
가을걷이 끝난 논두렁을 넘어
김장밭은 휘돌아 다니는데

바람 들까 무서워 가슴 꼭꼭 여미는 배추
벌써 단단한 껍질로 무장한 조선무

올해도 갈바람으로 찾아와
저리도 바빠하시는 어머니

꽃

꽃이 진다기에
뜰에 나서니
어느새 흔적조차 없고나

주위의 흙이
더욱 검어진 것을 보니
자양이 된 모양이로세

서늘한 가슴으로 되돌아서는데
어머니 얼굴 잠깐 비치네

꿈 · 1

간밤에도 너는
고향에 가지 않았다고 하지만
인기척에 놀라 깨어나 머리맡을 쓸어보면
하나 가득 잡혀오는 모래

새벽녘 너를 일으켜 세우면
네 교복 치맛단에서 우수수 쏟아지는 모래알
가슴속 콕콕 박히는 아픔

자식 걱정 지새우던 아버지
당신의 그 억센 그물로
앞바다 모래톱을 훑어본들
어디 기침조각 하나 건져 오려마는

간밤 꿈에 잠깐
담배연기 고리되어 떨어진 앞뜰에서
코흘리며 소꿉놀이 열중하였지

꿈 · 2

어젯밤에도 막내는
고향 바다 다녀왔는지
문지방 가득 쌓여 있는 모래

갯내음 묻혀온 신발 속에
아직 채 가시지 못한 미역 비린내

고향집 토방 엄마의 근심 섞인 숨소리
파도소리 새삼스레 잠이 깨실까
문고리 잡고 한참 망설였을 우리 막내

청솔가지 소리내어 태운 황토 흙 온돌방에
이블 요 펼칠 사이도 없는
곤한 잠 등허리를
소리 없이 주무르다가

첫닭 우는 새벽녘
꿈이 익을 무렵

소스라쳐 되돌아 진부령 넘는
막내의 아침은
항시 고단해

남한산성에서

오늘 아침 문득, 바람 한 줄기
내 가슴을 치고 남한산성으로 달아나는데

날 잡아봐
찰랑이는 댕기머리 언뜻 보였다

숨죽이던 적막 속으로 살금살금 올라오던 북방의 언어
참을 수 없는 울분으로 내리치던 기개들이
풀숲에 누웠더니
아주 먼 하늘이 보랏빛 장막으로 내려와 덮어 주더라

삶과 죽음 갈라놓던 골짜기
병장기 부딪치던 소리로 쩍 쩍 소쩍새 목이 쉬었다

어머니 울지 마셔요.
나 새가 되어 뒷집 돌쇠와 날아가다가
잘 생긴 너럭바위 걸터앉아
설렁탕 한 그릇 먹고 간다오
숨바꼭질하던 순이 머리 올려주

오냐, 그려 나도 곧 따라갈 세상
너의 세상 함께 가서 주막 하나 차려 놓고

어지러운 세상 모두 넣고 설 설 설 끓여서
이승 기억 모두 모아 설렁탕을 끓이겠다고

해마다 처서 무렵 남한산성에 오르면
요기(妖氣)처럼 파고드는 서늘한 기운

* 병장기(兵仗器) : 병사들이 쓰던 무기

너 지금 어디 있나

관절 쑤신다
비 올려나. 가슴 싸하게 몰려오는 구름
너 때문에 울게 되더라

괜찮아
석 달 열흘간 비온다 하여
세상과 동떨어져 그렇게
소통 없이 지낸다 하여도

여름을 넘기고 싶어 꼭 너여만 해
우렁우렁 계곡물 넘치고 비 오면 비 온다 물이 올라와
섶다리 떠내려 가기를

솔가지 엮어 다리 걸릴 때까지
그렇게 구실삼아 지내고 싶다고
비는 자꾸 내리고

계곡 깊어 여름에도 군불 태우는
먼 오두막 기억

나 지금 무얼 하고 있는가
넌 어디쯤 있는지

너 때문에
또 너 때문에

* 섶다리 : 섶나무로 엮어 만든 다리

너와 내가

인생길 어디쯤에선가 우연히
낯익은 골목 저편에서
익숙한 걸음새로 걸어나와, 마주친다면
다정한 눈길로 서로 안부를 묻고
봄볕 눈부신 오후라면 그곳이 어디엔가 상관없이
주저앉거나 혹은 기대어 서서
잠깐의 수다에도 긴 걱정을 해주는
그런 사이로 다시 만나고 싶다

오늘처럼 비 내리는 날이라면
조용한 찻집 큰 유리창 앞
향기로운 차 한 잔에 취하면서
가벼운 한숨으로 서로의 지난 일을 미루어 생각하며
아쉬운 헤어짐도 갖고 싶다

어쩌랴, 눈보라 치는 날에 찾아온다면
성급한 마음 조바심으로 이른 저녁을 짓고
포근한 잠자리와 깊은 잠을 줄 수 있는
그런 관계로 남고 싶다

되돌아가는 어깨를 가만히 포옹하고
적당히 아픈 등 두드림으로 이야기를 대신하고
그냥 그렇게 살아가는 그런 관계로 남고 싶다.

다복솔

앞 산
낮은 언덕 다복솔
촛불잔치 벌렸네

달밤에도 빛나는 소나무 새순
큰 가지 높게
작은 가지 작은 대로 고만큼
제 분수껏 키를 세워 밝힌 불꽃

날리는 송화 가루
두 손 높이 들고 춤추는
노랑 저고리
연초록 치마에 감기는 중중모리

봄비 흠뻑 내린 어느 날
어머나
촛대에 솔잎 돋아나
키 세웠네.

* 다복솔 : 가지가 탐스럽고 소복하게 많이 퍼진 어린 소나무
* 중중모리 : 8분의 12 박자로. 강강술래, 진도아리랑 따위가 이에 속함.

도토리 묵을 쑤다

숲으로 되돌아가셨다
뒤 한 번 돌아보시고

한 줌 재가 되어
바람처럼 날아가

상수리 꽃가루 날리던
그 계절에

검은 숲으로
되돌아가셨는데

4월 초파일
등불 환한 길을 따라
소풍 나오셨다가

지상에 남은 자식 허기짐에
도토리로 매달려서

더러는 떨어져
다람쥐 밥도 되고

저어도 또 저어도 주걱에 엉겨 붙는
사무친 그리움

이 가을
도토리 묵을 쑤다.

독도 · 1

사랑받는 것보다 주는 것이 더 행복하다는 말
나는 알지요
외로움에 지쳐서 이야기조차 잃어버리고
그저 세상사는 일이 워낙 복잡하기 때문이라고
갈매기들이 위로해도
자꾸만 끼룩끼룩 울고 싶네요

보고 싶어요, 천년을 두고 만년을 두고
보고 싶은 건 보고 싶은 거예요
하지만 어찌하겠어요, 내 이름이 독도인 것을

그래요, 그대들이 아무리 무심타하여도
이곳 바위틈에 산나리꽃을 지천으로 피울 것이고
미역과 다시마와 손바닥만보다 더 큰 홍합을 키우고
계절 따라 물고기를 불러 모아 잔치를 열 것이예요

그렇게 살아갈 터이니 걱정조차 하지 마셔요
천년을 그리하였던 것처럼 또다시 천년을 기다릴 거예요
하지만 가끔은 귀 기우려 주세요
해안을 나는 갈매기 울음소리
안타까운 내 사연 들어 있음을

끼룩끼룩 사랑해요
끼룩끼룩 일편단심

독도 · 2

독도가 앓고 있다는데
소문은 바람보다 빨리 뭍으로 전해졌다
그리고 일상이 흘러갔지

독도가 울다 지쳐 바다 밑으로
다시 돌아간다고 하더라고
갈매기들만 안타까워 주위를 맴돌며 위로하는 중이라는군

근데 그 독도가 글쎄
일본 땅이래
벌떼처럼 일어나는 사람 사람들
눈으로 직접 확인하겠다며 배를 타는 사람들로
항구가 북적인다던데, 정말?

요즈음 독도 지키느라 밤낮 없다는군
웃는 독도, 우리 땅

독도 단상

슬픔의 무게로 가라앉았다가도, 혹은
불 같은 분노로 솟아오르기도 하다가
하루도 열두 번 뒤척이는 작은 섬
갈매기들만 불안스레 날아들며 울어댄다

그렇게 잊어버렸다가
까맣게 잊어버려 나 모른다 하다가도
누군가 관심보이면
요란스레 법석이다 시나브로 식어갈 것을

그러면 조금만 당겨 주셔요
제 몸이 비록 바윗덩어리이지만
조금만 당겨 주시면 그대로 달려갈 것이예요

아랫도리로 더운 난류에 오징어떼 몰려오던
어느 해 6월처럼 한마음으로
밧줄을 걸어 잡아당겨 주신다면
그때 그 행복한 느낌으로 다가가고 싶어요

오늘도 독도는 내 안에서 들끓는다
죽음과 삶을 넘나들고 사랑과 질투로 눈멀기도 하고
체념도 했다가 불연듯 울기도 하다가…

바다 건너 멀리 그리운 사연을 보내고
부끄러워서 기여히 서쪽 하늘을 물들이곤 한다
3월에 느닷없이 내리는 눈송이같이 흔들리는 감성

* 어느 해 6月 : 2002. 6. 월드컵

독도 편지 · 1

동해 먼바다 수평선 너머
보일 듯 말 듯 작은 섬
소문에 시달려
잠 못 드는 어린 것, 마음 아프다

폭풍 오는 날이면
온몸으로 바람의 발목을 잡으면
성난 파도
소용돌이로 섬 주위를 감아 돌며
으르렁거리는데
사람들은 독도의 성질이 까다로워
다가서지 못하겠다고 수군거린다

갈매기 울음소리만 들리는 이곳에선
침묵이 일상인데
말조차 하지 않는 무뚝뚝이라 한다지

매서운 바람 달래느라
돌 틈에 숨어 키우는 바람꽃

속 깊은 아이
작아도 단단한 우리 늦둥이

독도 편지 · 2

갈매기들이 부러웠습니다
저 순간의 날개짓으로 자유로운 영혼
때묻지 않은 순수함
머뭇거리지 않는 용감함을

한없이 초라해 보일 때면
온몸을 사방으로 뒤채어
갈매기 내려앉아 쉬지 못하도록 심술도 부립니다

사랑받지 못하는 가슴을 검은 바위로 키워냈고
천년을 견디는 암석이 되어
깊이 가라앉았습니다.

오직 사랑만 받으려던 철없던 시절
주는 것이 더 행복이란 걸 잘 몰랐어요

하여
천년을 두고 가라앉은 내 몸을
다시 천년을 두고 조금씩 조금씩 키를 세워
당신에게 다가가는 중이니
그때까지 건강하시길

—詩作 Note

국토의 늦둥이, 나는 요즈음 독도에 빠져 있다
온갖 소문이 난무하는 일상에서 외로웠을 거야
홀로 사랑에 얼마나 가슴 아팠을까

그동안 틈틈이 모아 두었던 초고에서
3편을 가려내고 '기문회 독도특집'에도 몇 편 보냈지만
오늘도 독도는 내 안에서 들끓는다.

독도는 친정집 이야기,
평소엔 아무렇지도 않게 가슴에 담아 두다가도
누군가 건드리면 튕겨져 나오는 자존심 같은 것일까?

쓰는 것에 몹시 게으른 나이지만
그에 관한 긴 이야기를 엮어서
위로해 주고 싶다.

멀미하는 숲

해마다
꽃 진 자리 열매 달고
입덧하는
숲

비릿한 밤꽃 향기 멀미하며
봄비를 꿈꾸고

사람 사는 묵은 냄새 그리워
낮이면
계곡 물소리를 달고
도시의 빈방에 숨어드는데

늦은 밤
피곤한 신발을 벗어 놓다가
서로의 향기에 놀라서 뒤돌아보는
생각하며 낯익은 냄새이건만

모딜니아니

참으로 우연히 너를 보았다
아니지
네가 좋아하던 모딜니아니를

복도 끝 계단참에
눈 한번 내리뜨면
그대로 흘러내릴 대서양의 눈빛을 갖고
너는 그렇게 모자를 쓴 채 갸우뚱 걸려 있었다

그런 것이야
우리가 필연이던가 혹은 우연이던 간에
마주친다는 것은
모든 사물이 그렇게 그곳에 오래 전부터 있었다는 것을

새삼, 알고부터 슬픔을 안다는 것이지

깊은 회한의 내 옷자락을
너는 자꾸만 잡아당기고…

손 내밀면 마주칠 것 같은 두려운 마음에 되돌아 나섰지만
네가 없는 이곳
세상은 아직도 바람 부는 계절

모란꽃

한껏 피워낸 꽃송이에
버거워 떠난 당신

옛일 잊어 주기를
부풀려진 그 감정
오래 가지 않기를 바란다는
바람결에 묻혀온 이야기

그럴 수 없노라고
큰 머리 흔들어 우겨 보지만
신열 감출 수 없어

높이 올린 붉은 얼굴
뿜어내지 못하는 향기로
더욱 목마른 꽃

몸살

삶과 죽음조차
아득한
그런 잠에 취하고 싶다

등교시키는 전쟁을 치루고
부산스레 아침 청소를 마친 후
보리차에 아스피린 두 알을 먹었다

저승과 이승을 흐르는
레테의 강가로 너울너울 다가가

세상살이 힘들어 기침나는 목덜미와
걱정거리 양념 내음 손을 씻으리

비 온다 하여도
더 이상 서럽지 않으리
담 밑 장미가 흩어진다 하여도
나는 모르리

오늘만큼은
깊은 휴식의 골짜기로 떨어져
꿈도 없이 잠에 취하리.

몽고반점

사철 눈 덮인 그곳
아직도 엉덩이 시퍼런
우랄알타이어 퉁구스족을 낳는다

만년설 희게 덮인 산맥
해돋는 나라에까지
그 종족의 비밀로 이어져내린,

먼 조상 할머니
180일 훠이훠이
남한산성 아래까지 건너오셔서

잘 여문 박달나무 방망이
주문을 걸어
세상 구경 빨리하라 독촉했건만

오랜 진통 끝에
등허리까지 시퍼렇게 멍이든
너를 낳았다.

* 몽고반점 : 몽골계 인종이 지닌 특징의 하나. 동양인종에 널리 나타나고 우리나라는 90% 이상 나타나는 부정형 색반
* 우랄알타이어 퉁구스족 : 한국어의 기본적 요소가 속하는 계통, 우랄산맥을 중심으로 퍼졌다는 가설 있음

무의도 정상에서

무의도 정상
국사봉
하고 싶은 말들을 아껴가며
여기까지 오른 섬 봉우리

진실이란 얼마나 이기적인가
나는 숨기고 너는 말하지 않았고
사실이라 말할 수 있는 용기조차 없어
침묵으로 포장한 비겁함도

숨죽여 닦아 포개어 꼭꼭 넣어
감추면 없어지리라 믿고 싶은 일들이
이제는 빛바랜 옛이야기
검은 섬으로 떠 있네.

구름도 섬 같고 섬도 구름 같은
어쩌면 섬인 듯 구름인 듯

결국은
서로의 바다에 갇히고 말았네.

* 무의도 : 인천광역시 중구에 위치한 섬. 인근에 실미도 등 작은 부속 도서 등이 있음.

바닷가 이별

사랑하기 전
먼저 사랑했어요

여기서 저기만큼
바닷물 찰랑이는 해안을 달리고 또 달렸지만
옷 젖는 줄 몰랐지요

지난 여름 끈적이던 사랑
모래에 쓸려내려 깊이 가라앉아 버리고

가슴 울리던 고동만으로도
충분이 출렁이는 바다 속살
잊으셨나요

빤짝이는 조개껍질, 그건 죽음의 다른 이름이어서
모래 훌훌 털어버리고 도시로 떠날 수는 없잖아요

그래요
낮보다 밤이 더 요란한 건 이곳도 마찬가지에요
검은 물결 사이에 엎드려서
차마 울지 못했던 사연들이
해안을 치며 엉엉 우는

그래야만 했어요
먼저 되돌아갔어야 했어요
그 사랑 철퍽거리며 연거푸 오는 줄 알았는데
올 때마다 다른 이유였네요.

바보 같은 사랑

너와 다투고 오던 날
다시는 만나지 않으리라 다짐하며
달빛에 하얗게 빛나던 골목길 저편까지
되돌아오던 그 길을 두르르 말아
내 가슴속 깊은 곳에 꼭꼭 감춰 버렸다

이제 다시는 길 떠나지 말아야지
내 작은 우물 속에서 홀로 차갑게
행복하리라, 행복해지리라

푸른 하늘, 눈부신 너울 뒤에서
가만히 숨어 있는 반짝이는 별
보이지 않는 그 슬픔을 너는 왜 모를까

어느 날, 나 때문에 두통을 앓을 꺼야
하늘의 별을 몽땅 네 머릿속에
쏟아 부을 테니깐

벚꽃질 무렵

네가 먹어버린 가슴 한 귀퉁이가
봄바람에 시려 자꾸만 눈물이 나서
또 한 겹 나이테로 감싸고
남들 다 버리는 덩굴나무를 내 몸에 감았다

봄눈처럼 떠나는 네 앞길
꽃잎 눈보라 휘날리며 막아서지만
더 이상 어찌하지도 못했다

올해엔 새로운 꽃을 피워서
한 점 흐트러짐 없이 야무지게 똑 떨어지는
동백 지듯이 잊고 싶었지만

너를 향한 그리움 감당할 수 없어
밤새 하얗게 바랜 내 가슴을
수많은 눈물방울로 조각내 속절없이 뿌릴 뿐이지

그 중에 하나만이라도 간직해 주시길 바란다면
욕심일까요.

봄

늦은 봄
상념만 분분한 오후에
투정처럼 날리는 때늦은 눈 때문이 아니야

매년 찾아오는 계절인데도
만날 때마다 낯가림을 하는 것인지
괜스레 부끄러운 날

전생의 기억을 지우고자
온몸을 흔드는 나뭇가지들이
안타까워서, 안타까워서, 나는

먼 기억
저편으로 동동 걸어 들어가
초록빛 잎사귀 하나 달아주는
짧은 치마 작은 소녀로 되돌아가고 싶었다.

봄 강가에서

요번 비에
흠뻑 물 올린, 물푸레나무
강물에 담가 보니 푸른 빛

봄비 조심스레
강바닥까지 적시지 못해

아래로 켜켜이 쌓여 있는
먼 기억

물안개로 피어 올라
찰랑이는 음표로
떠도는 아침

이젠 버려도 좋으련만
괜스레 던져보는 조약돌 하나
출렁이는 언약

봄꿈

간밤 꿈이 사나워
조심스러운 날

밤늦도록 오지 않는 아이들 때문에
애태우는 밤

모든 신경이 밖으로만 나돌고
먼 곳 발자국 소리
어린 강아지 먼저 알고 달려나가는
그런 늦은 밤에도

봄은 벌써
아이의 등뒤로 바짝 따라와
노란 개나리 빛으로
웃고 있었다.

봄날에

온다던 연락선은 기별조차 없고
저렇게 커다란 상선으로도 어림도 없는 나는
늘 허기져 담 밑에 오뚝하니 앉아
눈부신 햇살만 먹으며 까맣게 타들어 갔다

터무니없이 부풀려진 옛일은 잊어 주기를
짐짓 화려한 꽃만 피운 것이라고
은밀한 기별을 띄워 놓고
또 다시 숨죽인 오늘

믿는 것만큼 보이는 것이라고 했기에
더욱 서러운 봄날,
네가 오지 않는다면 이 계절 필요도 없어

보이는 것만이 전부 아니라고 우겨보지만
옛일은 잊어 주기를
그 감정 오래 가지 않기를 바란다는
바람결에 묻혀온 이야기

꼭 요만큼의 꽃만 피우리라
옹가슴으로 다짐했다
봄날에

봄비 · 1

너를 보내고
그 담에 기대어 울었던가

마른 담쟁이 넝쿨 물 올리는 소리
새로운 삶 준비하는 부산함

설익은 기억 낟알처럼 굴러다니는
그 마당, 봄비 내린면
도르르 흙냄새에 감기는 네 향기 익어
소식 오려나

기억 속
어지러운 흔적이
흠뻑 불어서
딱지처럼 떨어져 내리는지
간지럽다.

봄비 · 2

그대가 떠난 뒤에도
목련은 저리도 환하게 피었다

야속도 하여라
아직도 내 가슴엔 눈보라치는데

이 봄이 가기 전에
그대에게
할말이 있다. 꼭 전할 말은

숨죽여 되돌아보니, 이젠 아무 소용도 없어
봄이 가거나 또 오거나
무슨 상관이 있으랴

봄비
봄비
봄비…
하염없이 내 가슴만 적실 뿐이지.

봄에는 · 1

해를 삼켜 내일을 잉태한 산
새벽 진통으로 구슬 같은 진땀을 흘리는데
어디선가 호로록, 물 올리는 소리 간지럽다

부지런한 잎사귀들은 이슬 먼저 받으려고
아직 그림자조차 만들지 못하고

바위 건너 저편 찔레꽃 한 무리
아침 단장 부끄러워 엷은 안개로 주위를 가렸는데

거미줄에 걸린 자잘한 이슬조차
모짤트의 선율로 떨어져 내려
뿌리를 적시느라 부산스럽다

나 모르오, 이 아침
새로운 우주가 태어난다 하여도

그대를 사랑하는 이 순간만으로도
충분히 행복하니까

봄에는 · 2

끝내지 못한 이야기로
서둘러 올라온 꽃대
올망졸망 꽃망울 붙이고 향기를 품었다

꼭 해야 할 이야기로 가슴 설레며
희고 통통한 촉수로
물을 올린다

흙탕물 진흙 속에 다리 벋어 내리지만
더 향기로운 꽃을 피워야 하는 조바심에
새벽이면 부산스러운 작은 연못

꽃 한 송이 피어남에 이리도 수선스러운 것을
누구에게는 치열한 삶의 현장이
무심한 사람들에게는 하찮은 일상이 되기도 한다

꽃송이 하나가 천둥처럼 다가서는 사람도 있고
그저
스쳐 지나가는 바람일 수도 있다지만

눈 먼 뿌리 끝자락으로 양분을 더듬어서
작지만 향기 짙은 꽃 하나 피우고 싶다.

빈 집

느닷없이 내리는 빗줄기에 잠겨버린 집
속절없이 묻혀버린 기억 저편
아무도 살지 않는 머나먼 곳에 나만의 집을 갖고 싶었다
긴 방황에서 지쳐 돌아와
죽음 같은 잠을 잘 수 있는 무덤처럼 고요한 집

밤 기차를 타고 싶다고 꿈꾸던 날도 있었다
캄캄한 철로 위를 철거덕거리며
가로등 하나 불 밝히고 서 있는 이름 모를 역
밤이면 더욱 낮게 쓰러지는 코스모스 길도 지나
그저 끝없이
그런 날에는 정거장을 기웃거리며
떠나는 사람들의 용기를 부러워하곤 했다

그래요
사랑의 버거움으로 당신이 떠난 줄 알았지만
혹시나 하여 뒤돌아보면 느낌만이 가득 찬 빈 거리일 뿐
어디에 그렇게 잘 숨어 계신 건가요
그래도 비워둔 그 집의 추억은 아주 잊지는 않았겠지요

아직도 한밤에 일어나 깊은 갈증으로 목마른 이유도
기억의 저편으로 살금살금 들어와
어루만져 주고 가는 당신의 발걸음

항상 내 삶을 앞질러 가서
안녕이라고 말하곤 하지요

그래요, 이젠 돌아갈 거예요
우리가 우연이라든가, 삶에 부대끼어 푸른 멍이 들던 간에
떠나는 자는 떠나고 다시 되돌아오던 간에
그리고 다른 이름의 바람이 되어
기억을 지우던 간에
애증도 한순간이 되어 날아가 버릴 것을
두려워하지 않을 거예요

추운 계절이 오기 전에 서둘러 돌아가서
미쳐 추스리지 못한 감정이 더 바래지기 전에
고이 접어 두겠어요

그럴 거예요
그곳에 두고 온 사랑의 그리움이
싱싱한 전설이 되어 펄펄 살아있을 거예요

그리고
안녕히

사랑, 조각보

사랑하는 법을 몰라
숨어서 바라만 보았던 너를 향한 그리움들이
빛바랜 낙엽처럼 내려 쌓이고
또 쌓이고…

그리움조차 모두 버려야 했던
그 추운 시절
눈 덮인 시린 가슴을
겹겹으로 싸안아서
푸르고 여린 싹으로 다시 키웠다

사랑은 버린다고 버려지는 것이 아니야
눈물과 함께 떨어진
기억의 편린들이 만들어 낸
사랑, 조각보

사철나무 위로 눈이 내리면

가난은
아래로만 흘러

어찌 알았을까
산동네 지하방

이 세상 모든 동네 굽이굽이 돌아
찾아낸 작은 방 식구들도
눈이 오는 아침엔 꿈을 꾸고

어려운 살림에도 나이는 차는 법
혼수 걱정 없이도 저렇게 아름다운 신부

눈 덮인 사철나무 웨딩드레스
눈부신 면사포

산골 마을

남풍에
마파람 실려올 때면
너럭바위 의지삼아, 솥단지 걸고
푹 삶아 건져낸 묵은 빨래

아직 손 시린 개울물, 괜찮아
팡팡 소리 울려
온 산에 봄을 알리리

산꿩 놀라 튀어 오르고
진부령 굽이 어디쯤, 화전에서
봄 감자 싹 틔우도록

이불청 마르기 전
산나물 꺾어
저녁을 걱정하는,

해는 아직 중천인데
왜 저리 바쁜가
맨발의 아낙

* 마파람 : 봄철 남쪽에서 불어오는 건조한 바람

상황 종료

지나온 길이 반석인 줄 알았는데
되돌아보니 살얼음판도 있었네
어찌 지나왔을까

세상 두려움 없이 살아온 것, 자랑만은 아니지
때로는 돌아설 줄 알아야 하는데

아집으로 얼어버린 그 세월 믿고
건너가던 강
기슭엔 아직 다다르지 않았는데 우수되더라

때늦은 자의 몸짓
얼마나 서글픈가

석모도 노을

작은 섬 외로워
낙가산 서향 눈섭바위 아래
간절한 소망으로
새겨 놓은 돌부처

수상한 세월
꼭 한 가지 소원은 이루리라 하여
눌러 붙은 따개비

고르고 골라보아도 먼저인 사랑은 없어
찬 바위 이마 맞댄 번뇌

한 대궁 꽃으로 올리지 못하는
어리석은 바램

가난한 풀꽃만으로도
저리도 환한 사바

* 사바(娑婆) : [불교] 괴로움이 많은 인간 세계. 석가모니불이 교화하는 세계를 이름.

섣달 그믐에

처음이란 말 속에 숨어 있는
조심스런 휘파람 소리
첫 키스 같은 설램과 긴장감

끝이란 소리엔
여유로운 평화, 안타까운 후련함
또 다른 바램과 기원

처음부터 마지막 그 사이엔
세월만큼 살아온 수많은 사연들
펄펄 살아 있어
하늘과 땅 모두 채울 수 있다고 우긴다면
당신, 웃으실런지

전설 찬란한 그 언덕
노을빛 목도리를 두르고 서 있으면
휘파람 소리 다시 들릴까봐
잠들지 못하네

* 섣달 그믐 : 한해 마지막 날

세월

사랑한다는 것이 어렵다 하지만
그리움이 더 가슴 아프다는 걸
너는 알까

그것은 어디까지가 자동사일까
아직 모른다

하늘과 땅과 바다가 저리도 들끓는데
사람들은 자꾸만 괜찮다고 한다
그것은 또 어디까지가 타동사일까

그럴지도 몰라 당신 없이도
남쪽 어구 무창포엔
올해도 어김없이
길이 열리고

세월에 밀려서
고개 숙여 조개 캘 여유도 없이
그렇게 여기까지 왔다.

수몰지구를 지나며

이젠 어설픈 사랑조차 꿈꿀 수 없어
작은 바람결에도 가슴 설레며 나풀거리지 못하고
살아온 세월만큼의 이야기를 간직한 채, 숨을 멈췄다

산짐승 두리번거리며 내달았을 오솔길엔
물이 차오르고
그 길 위로 새로운 물길
산새 날아들지 못하는 적막함 속에서
낯익은 풍경들이 찰랑거린다

자라다만 나무들은
더 이상 꽃 피울 수 없고 열매 익던 기억들도 바래져
몽롱한 의식으로 저 아래 잠겨 있지만

이승과 저승 경계 없이 넘나드는 물고기
한가로운 무심함 속으로

문득, 끈적이는 일상에서 벗어나
청비늘 번쩍이는 물고기가 되어 유영하고 싶었다.

술래잡기

영원히 술래가 될 것 같은
두려움이 있다

황매화 노란 울타리
삼짇날 메주 띄운 항아리 뒤로
숨어 놀던 단발머리

어디에 그렇게 꼭꼭 숨었니

살다가, 이만큼 살아오다가
그만 숨고 싶어졌는데
이젠 바꿔주면 좋겠는데

어느 술래에게 잡혀 있는지 소식조차 없구나

세월이 술래가 되어 찾지 못하도록
대문 바깥쪽 금줄을 내걸자.

* 술래 : 술래잡기놀이에서 숨은 아이들을 찾아내는 아이

신록

지난 겨울 나무는
어떤 종교로 수양하였는지
깊은 진실 무수히 품어 내어
거리낌 없이 흔들리는 눈부신 영락(瓔珞)
초록빛이다

지난일은 지난일로 접어 두고
새로운 오늘 조심스레 열리는
능원의 아침
이제 막 푸르름으로 치장한 숲으로
5월의 나뭇잎 같은
고만 또래 아이들이 소풍 나왔다

바람에 흔들리며 덩달아 신나는지
가지 길게 내리고 수선스레 웃는다

윤년으로 더디 찾아와
밤새워 푸른 물감 줄줄이 풀어 놓고
인사치레 들을 사이도 없이
서둘러 떠나버린 남쪽 바람

안개 걷힌 5월 눈부신 아침

오오
누가 이보다 더 고운 푸른빛을
혼합할 수 있으랴
돌아갈 수 없는 여릿한 유년의 빛
그래서 더욱 아름다운 푸름

오늘 · 1

봄 숲으로 초대한다는
엽서 한 장 받았다
다람쥐가 물어다 준 연분홍 꽃잎

숲으로 난 오솔길 꼼꼼히 그려
찔레꽃 향기에 실려온
연둣빛 지도와 함께

날마다 짙어지는 보고 싶다는 그리움을
새벽 안개로 풀어내고

가야 할 시간이 왔다고 동동거리는
저 연초록의 조바심은
투정 섞여 이슬방울 쓸어 내렸지만

여린 잎 상처낼까
닫힌 마음 차마 다가서지 못하고

오늘
먼 산 바라보며 아름답다 긴 한숨으로
답장을 대신했다.

오늘 · 2

파도 높은 먼 바다에서 돌아와
근심 없는 항구, 거실 바닥에 철버덕 앉아
TV를 켰다
왼쪽으로 굴러 한 바퀴 오른쪽으로 굴러 반 바퀴

뜨거운 샤워와 양치질 구석구석
웃을 일 없는 날의 재를 털어내고
다 큰놈은 큰 대로 작은놈은 작은 대로
이 방 저 방 문 열어 오늘을 확인한다
큰방에선 이미 코고는 소리

먹다 남은 치즈 한 쪽 포도주 한 잔
아껴 먹으며
피곤하단 입버릇 버리지 못하는
나른한 한밤중

천둥 번개 창을 때리며
용케 참았던 장맛비
오든지 말든지

이 봄에는

정리치 못한 모든 상념(想念)을 털어내고
자라지 못할 사고(思考)에도 깊은 구덩이를 파고
거름을 넣어 주겠습니다

낡은 가치관을 바짝 다듬어 내고
피 흘리는 가지마다
새순이 돋아오기를 기다리겠습니다

3월의 꽃샘바람을 온몸으로 막아주며
아름다운 꽃이 피어나기를
간절히 기도하겠습니다

늦가을 손 시린 아침에
흰 서리 이마에 내린 눈부신 열매 하나라도
꼭 볼 수 있도록

늘 깨어 있겠습니다.

이심전심

나무는
보행하는 사고 없이
천년을 살아 숨쉬고

개미는 공간을 느끼지 못해도
흙을 파 집은 짓는다

높이 나는 독수리
가끔은
숲에 깃드는 꿈을 꾸는지

뿌리내려 땅을 알지 못하고
날개 달려 너에게 날아가지 못한다 하더라도
사랑하지 않는 건 아니야

익숙한 일상의 감각에
서로 낯설어 하여도

오늘밤은 나무나
새가 되어 너의 꿈속에서
웃으리라.

장마 · 1

가을이면 단풍들어 모두 떨어질 줄 알면서도
애써 이파리를 푸르게 달고

꽃은 질줄 알면서도
온 힘 다하여 꽃눈을 틔우지

영원한 삶이 없듯이, 영원한 죽음도 없어라
또 다시 아침이면 일어날 수밖에

하지만 어찌 하나요
별빛조차 없던 밤도 어김없이 새벽을 품어냈듯이

창가에 꽃 한 송이 활짝 핀 이유가
그대가 웃었기 때문이라 믿고 싶은 걸

그때, 그대가 곁에 있었던가
그 꽃이 그대인가 기억조차 없는데

오늘도 비가 오네요
누구와 차를 마시는 중인가요, 그대.

장마 · 2

뒷모습만 그리는 사람을 알고 있다
수많은 종이 위에 빠르게 그려진 어깨

바늘땀 고운 옷 입혀 품격 높인 그 반듯한 테
아름다운 사람임을 알 수 있겠다

뒤돌아보지 않은 사람
따뜻한 마음으로 섬세하게 그려놓아
그린 자의 슬픔조차 묻어 나왔다

옆모습을 그릴 땐
기쁨으로 그렸다는 것을 알 수 있었다
엇비스듬히 보이는 목선과 콧날, 내려다보는 속눈썹
떨리는 손으로 몇 번씩 덧그려져, 차라리 울음이었지

앞모습을, 환하게 웃는 모습 그릴 수 없었다
이곳의 존재조차 모르는 걸
하지만 그 사람 등이 웃음으로 빛나는 그림도 있었다
누굴 보고 웃었을까, 재주도 좋다

그 사람
이젠 그만 마음을 접었을까, 소식조차 없는데
울어서 슬픔을 달래고 있는지
장마 깊은 날, 문득 생각난다.

저만치 서 있는 나무

저만큼 서 있는 나무
너와 같다

꼭 그만큼 만한 간격으로 구르는
운명의 수레바퀴처럼

네 곁에 다가갈 수 없어
언제나 그 모습 그대로, 우린 하나가 되지 못했다
나란히 서 있을 수 있어도
너를 안을 수는 없는 끝없는 갈망

무심코 너를 바라보았을 때
그 어떤 앎으로 해서
두려움에 떨었던 순간
그 바람의 외침을 기억하는지, 너는

그런 것이야
끝이라는 말 자체가 지독한 모순이야
끝이 없기 때문에, 그 끝을 보고 싶어서
희망하는 것이 아닐까

영겁의 세월

매일매일 천년의 새벽을 맞는 숲속에서
그냥, 나란히 서 있어도 좋아
너를 넘어 너에게 갈 때까지

저녁에

돼지 앞다리 살을 사다
맛있겠다
오늘 TV 벗삼아
아비는
술을 먹겠지

버리지 못한 아집이
켜켜이 쌓인
내 뱃살

한칼쯤 베어내
안주되기를

쓸쓸한 막걸리에

맛있는 삼겹살
안주되기를

지하철에서 · 1

늘 그런 것은 아니지만
지하철을 타려고 내려서면
천지간 분간 못하여

우뢰같이 들어오는 전동차에
순간, 아득하여 허둥지둥한다

어디로 가려했던 것일까, 가긴 가야 하는데
영원히 내리지 못할 두려움에 서성대곤 한다

길 잃은 법도 없이
온 길을 정확히 되돌아가는 저 많은 사람들
종일토록 숨겨 놓았던 촉수를 세워
끼리끼리 몰려다니는 것인지

무뎌진 촉수, 무리 속하지 못하여 돌아갈 수 없을까봐
때 없이 흐르는 눈물

겨울바람 잘 참고 지나온 아까운 세월이
순간을 머물고
거칠 것 없이 달려가는 전동차를 닮았음에

도라지꽃

장남인데 철책선 근무라니
어머님의 손에서 툭 떨어진 엽서 한 장

산 모습 그대로 만든 고갯길
시외버스 흔들흔들 잘도 넘는다

아들 만나러 가는 길
화천 가는 길
서럽게 고운 보랏빛 꽃 하나

진달래꽃

잊지 마셔요
우린 지금 지난해와 똑같이
봄빛 속으로 나가고 있는 중이예요

두려워하지 마셔요
차마 못다한 말 꼭 해야만 하거든요

이젠 더 이상
가슴속 묻어 두고 살아갈 순 없어요.

봄빛 속 함께 서 있어 달라는 말
꼭 해야 하는데
눈길조차 주지 않네요

그래서
그래서
온몸에 불을 질러 화려하게 분신할 거예요

이래도 봐주질 않을 건가요.

철새에 부쳐서

세상 모든 서러운 언어를 모아 쥐고
늦가을 속으로 날아가는
철새

오직
여름 한철 나기 위해
사막을 건너오진 않았을 거야

네 날개에 담아온 남녘의 향기
봄비에 털어 버리고
이 땅에서의 추억만 어깨에 새겨 두었다가

그 나라로 돌아가던 길에
꼭 전해 주길

활화산 같던 사랑도
타협하지 않던 아집의 차돌맹이도
오랜 세월 바스러져 모래가 되었다고

재처럼 고운 모래 속에
슬픈 인연조차 모두 삭혀서
끊임없이 날아올
또 다른 철새를 위하여

치과치료를 받으며

치료대에 누워
옷자락 잡은 손에 힘이 들어간다
감은 눈을 비집고 들어오는 저놈의 전등빛

새큰새큰 말초신경 거스르며
파고드는 기계음

까짓것
살아가면서 이 정도의 아픔쯤은 아무것도 아니지 하다가

오랜 세월 견뎌줌에 대견해 하다가

늙은 독수리 제 스스로 발톱도 뽑는다는데 하다가

숨겨진 날개
깨어나는 게 아닐까
이상한 생각조차 아득하다.

크리스마스 카드

여름 한철
느티나무 위로 십자가 철탑만 보여주다가
겨울이 오면
붉은 지붕까지 보이는
산등성이 교회당

고단함이
철탑 꼭대기까지 차올랐다가
눈송이 되어 떨어져 쌓이는
그 동네

징글벨 소리에도
오지 않는 엄마
산타 기다리는 어린 꿈들이
사슴썰매 배경이 되어 영글어 가는

가난하기에 아름다운 마을
크리스마스 풍경

터널 공사

산허리 뭉텅 잘라
길 낸다고 법석
벌건 속살 드러내고
우는 산

뒤돌아앉아 흐느끼며
등허리 부끄럽고 부끄러워서
붉게 타는 가을 산

바람이 불 때마다
빈 가슴, 재치기
지독한 감기 앓는 중

지름길로 간다고 행복해질까.

파랑주의보

바다로 가야 하리

먼 바다, 폭풍 소식 없지만
오늘밤 나의 바다는
삼각 깃발 파랑주의보

싱싱한 언어 뒤집힌 물결 위로 튀어 오르는데
새벽이 와도 한마디 건져내지 못하는
청맹과니

갈매기 써 놓은
무수한 사이시옷,
까르르 소통하는 아이들 발자국

그래도 또 다시 바다로 나아가리
파도에 쓸려 떠다니는 미역 줄기라도
일용할 양식으로 삼거니와

번쩍이는 물고기 한 마리 가슴에 품을 때까지
언제나 파랑주의보

* 파랑주의보 : 폭풍현상 없이 해상의 높이가 3m 이상 예상될 때 내리는 기상특보
* 청맹과니 : 눈뜬 봉사. 사리에 밝지 못하여 사물을 제대로 분간 못하는 사람을 비유

행운목

입주하여 행복하시라 하여
10년 새 천장 뚫을 판
잎마저 시퍼렇게 사시사철 늘어져 내려
집주인이 싹둑 커트해 잎사귀까지 속아냈다

훤해서 좋지만
삐죽한 줄기 영 볼품사납다

버려야지 하면서도
키운 세월 아깝고 그 공간 익숙해져 놔두었더니
그새 또 잎을 달고 키를 키우고 있다

그런 것일까
서로의 허물도 익숙해
그냥 그렇게 살아가는 것일까

그곳에서
혹은 또 이곳에서

별 특별한 것도 없이 살아온 이 삶이
큰 행운이라고

허전한 날

이렇게 허전한 날에는
화분을 사고 싶다

크리스마스 시즌에는 세인포티아를 사겠지만
봄기운이 묻어오는 바람 부는 날엔
바이올렛 작은 화분을 사고 싶다

하지만 오늘처럼 눈 내리다가
제 체온에 못 이겨 비가 되어 내리는 날에는

오랫동안 향내 풍기는
춘란 한 촉 사고 싶다. 엄마 같은,

이젠, 당신은 눈물로 녹아내리고
그 대신 향기로 남겨 지네요.

엄마, 이젠 놓아 드릴게요.

환상

노랑나비
개나리꽃에 앉았다
노랗게 웃는 꽃

푸른 봄바람
담장을 지날 때
연둣빛으로 물드는 오후

아주 잠깐
꼬까신 아장걸음으로

뒤뚱거린다.

환승역 부근

아직 더위 한창인데
방학 벌써 끝났는지
학교 이름표 저마다 달고 늘어선 스쿨버스
졸음기 가득한 아이들을 기다리고
목적지 따라 환승하는 저 많은 사연 속에
번거롭지만 한두 번쯤 갈아 타고
다른 곳에 도착하고 싶은 사람도 있겠지

여름은 끈적이던 사랑 잊지 못하여
오종종 모여 머뭇거리며
붙잡아 주지 않은 서운함에
먹거리 좌판
바쁜 아낙의 등허리를 땀으로 적시고 있네

누구는 알곡이 되어 돌아오고
또 다른 이야기에 휩싸여 한참 동안 그곳에 머문 사람
어느 역에선가 갈아타는 이도 있겠지만
과일 향기 몰고 먼저 도착한 바람은
가을이 묵직한 발걸음으로 내려오는 중이라고 하네

올봄, 약속도 없이 되돌아간 그대
못 이기는 체 함께 오실까
환승역 부근에서 서성이네.

홍시

아파트 한편
유실수로 옮겨와
고향 어귀 지키던 그 눈빛으로

층수도
낮은
서민 아파트 창가에
딱정벌레처럼 기대어

보이지 않을 때까지 지켜봐 주시던
작은 몸 어머니

무관심 속에서도
홍시로 익어

잎새 모두 떨어진
휘청이는 가지 끝에서

늦은 밤 퇴근길
이제 오느냐 걱정스레
반기시는 어머니

반달

—장욱진의 마당을 보고

낮에 나온 반달 보았니
보았다

조용한 한낮
햇볕만 내리쬐이고
마당가 미루나무 미동조차 없는데

황토 바닥
흙냄새만 아득하여 서러운 날에도

저 놈의 닭 무얼 그리 쪼아 먹는지
온종일 구구대며 서성이고 있다

단칸방 쪽마루에
팔베개하고 누우니

기우는 해 밀어내고
꼭 그만큼의 간격을 두고

은빛 조각
반쪽만 남은 낮달이 떴다.

자반 한 손

사랑과 우정 반반씩 녹여
네 등을 껴안고

세상의 모든 편견과 독설이
더 이상 자라지 못하도록

간잽이 뿌려대는 알 굵은 천일염
온몸에 휘감고
너를 품어 분을 삭였다

펄펄 헤엄치던 미끈한 기억과
질투로 눈먼 동족을 버리고
새로운 이름으로 태어나

한 밥상 따뜻한 저녁으로 오를 때까지
뜨겁게 사랑하자.

* 자반 : 생선을 소금에 절인 반찬감. 또는 그것을 굽거나 쪄서 조리한 반찬
* 손 : 물건을 한 손에 잡을 만한 수량을 세는 단위(큰것과 작은 것을 끼어 둘씩을 이룸)

돌멩이 하나

모든 창은 바다를 향하고 싶듯이
네게만 가는 나만의 길이 있다

모든 두려움과 애증이 녹아나는 영 해발 지역
바닷가 마을에 서서 더 이상 갈 수 없음에

바위 하나 둥굴려 가운데를 비워내고
꽁꽁 뭉친 아집을 골수에 채워 넣었다

그냥 두면 천년 모래알이 되고 말 것을
흠짐 하나에 도구가 되는 것을 어찌 알았나

파도에 밀리는 삶에 진저리를 치는 오늘이지만
언제인가 이용될 그릇으로 화하리

친구야
너의 말 모두 씀바귀 잎사귀
꺾어 보면 독한 진물 흐르지만

세상을 구르고 굴러
꼬들배기 진을 빼는
소금물 속 누름돌이나 되려니

소박한 들내음 찾으려
너를 눌러 쓴맛 빼는
돌멩이 될꺼나.

선풍기

저렇게 막강한 힘으로 밀어내는
소용돌이

밤새워 뒤척이던 선잠에
숨이 막혀 일어나도

무섭게 들이치던 북풍 시절 쪽창은
바람 한 줄기 보시할 기미
조금도 없고

늦더위
어깨 구부리고 달려들지만
번번이 막히는 저 몸짓

화합을 거부하는 날개
휘돌아 감기는 갈등은
모래알처럼 흩뿌려져

목 따갑다.

벚꽃

벚나무 밑에서 전화를 걸다

수많은 꽃잎
활짝 열고

누구세요!

능소화

무엇이 그리 궁금하신지
담장 너머 세상살이
더 크게 듣고 싶어서
슬며시 펴 보인 자줏빛 꽃송이
나팔 닮았다.

바느질

술 매달며 금줄 엮으시던 서운함
벌써 잊으시고

마늘쪽보다 더 맵게 살아오신 세월에
자식걱정 한데 모아
바느질하시네

머리 들어 바늘귀 꿰시며서
아기 운에 천복이 보인다며
넉넉한 웃음

손녀위한 첫 싸게
촘촘한 박음질로 엮은
바람막이 두렁치 한 벌

흰 머리 어깨 숙여
이승의 인연 기워가며
저리도 고맙다 하시네

* 두렁치 : 아기의 속싸게 위에 덧입는 두루마기
  모양의 옷(우리 어머니만 쓰시던 언어)

새댁

마당 가득 널어논
자랑스런 기저귀
눈부신데

첫 손자 업고 둥둥 나가신 어머님
한낮이 되어도 오시질 않아
젖몸살 새댁 애태우는데
뻐국인 저리도 울어 대는가

장 익히기 한창인 오지항아리
뚜껑 열어 볕 바라기시키며
조심스레 돌아보는 사립문 저쪽

마을은 고요히
햇빛만 내리는데
황토결에 묻어나는
고운 운세
따뜻하네

엄마는 요술쟁이

네가 뛰어올 때면
너를 감싼 뽀얀 안개
눈부신 흰빛

몹시 즐거웠다는 증거
너의 기쁨을 알 수 있지

졸음에 겨운 네 눈자위에서
장난치는 잠의 요정들도 볼 수 있단다
조그만 고깔도 쓰셨네

하지만 너는 보질 못하지
아주 잠깐 동안이지만 공기가 밀리는 것을

그건
네 가슴에
사랑을 넣을 때

한국작가 작품선 · 53
저만치 서 있는 나무
이봉의 시집

초판1쇄 인쇄 · 2012년 5월 5일
초판1쇄 발행 · 2012년 5월 10일

지은이 · 이봉의
펴낸이 · 윤영희
주 간 · 이은별

펴낸곳 · 한국작가출판부 **동행**
등록번호 · 제2-4991호

주소 · 서울시 중구 을지로 3가 302-18
편집부 · (02) 2285-0711
영업부 · (02) 338-2734
팩 스 · (02) 338-2722
이메일 · gongamsa@hanmail.net

값 10,000원

ISBN 978-89-94227-51-1 03810